TRICOLORE & FLEUR DE LYS

OU DEUX MOTS DE

RÉPONSE AU MANIFESTE

DE

M. LE COMTE DE CHAMBORD

TRICOLORE & FLEUR DE LYS

OU DEUX MOTS DE

RÉPONSE AU MANIFESTE

DE

M. LE COMTE DE CHAMBORD

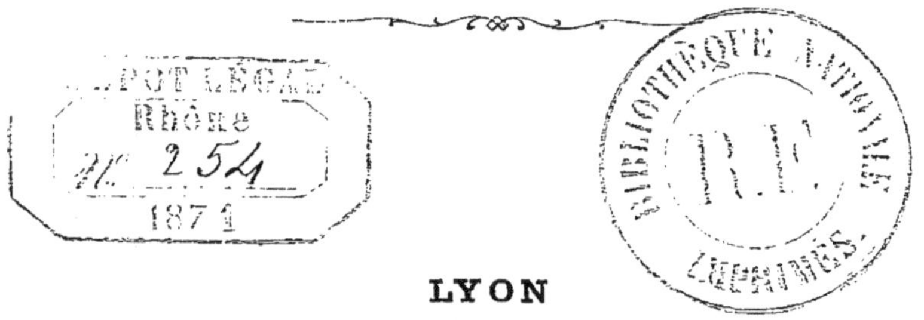

LYON

LIBRAIRIE DE CHARLES MÉRA

15, RUE DE LYON, 15

1871

TRICOLORE & FLEUR DE LYS

OU

DEUX MOTS DE RÉPONSE

AU

MANIFESTE DE M. LE COMTE DE CHAMBORD

............Ainsi, Monseigneur, plus de doute possible, c'est une affaire décidée ! Vous avez daigné parler, et en maître qui ne raisonne pas avec ceux qu'il regarde dejà comme ses sujets, vous nous avez catégoriquement prévenus que, bon gré mal gré, il nous faudrait passer par les exigences de votre volonté souveraine....., si jamais vous nous faisiez l'honneur d'être notre roi ! « *Vous reniez le drapeau tricolore et vous gardez le drapeau blanc!* » voilà votre dernier mot ! Voilà la signification la plus accentuée de votre manifeste du 5 juillet.

Eh bien ! vraiment, Monseigneur, laissez-nous vous le dire avec cette loyauté qui ne connaît point la flatterie et le mensonge, vous avez fait ce que nous appelons dans notre franc langage : *une grosse bêtise !*

Et d'abord, ne croyez point qu'il entre dans notre intention de vous invectiver ici sottement et grossièrement comme d'autres ont souvent pu le faire. Non, nous nous respectons trop pour cela ; d'ailleurs, toute vérité n'est pas bonne à dire quand on veut rester parlementaires.

Notre but unique, c'est d'abord de vous mettre un peu au courant du véritable caractère de la nation (caractère sur lequel vous vous trompez étrangement), ensuite de vous reprocher (nous en avons bien le droit), d'avoir quelque peu abusé de notre confiance et de notre bonne volonté, en nous laissant espérer des concessions qui sont nécessaires à l'époque, mais que vous n'avez pas eu l'habileté de comprendre ou le courage de promettre.

Oui, votre plus grande faute, c'est de nous avoir laissé tromper par vos fidèles quand ils vous représentaient à nos yeux comme le prince le plus modéré, le plus conciliant, le plus tolérant et le plus libéral qu'on ait jamais vu. Et nous, pauvres insensés, nous avions pensé dans notre naïveté gauloise qu'on nous disait là-dessus la vérité toute pure.

Plus que jamais patriotes, nous allions même jusqu'à faire, dans l'intérêt du pays, le sacrifice de nos idées républicaines au profit de l'opinion légitimiste. Tout en restant républicains de cœur, nous nous étions dit qu'il nous faudrait devenir monarchistes par nécessité et nous avions eu la faiblesse de tourner vers vous nos regards. Confiants dans votre patriotisme, nous avions presque pensé qu'on pourrait peut-être, un jour ou l'autre, faire encore une fois avec vous l'essai.... de la royauté! Bien sûr, c'eut été le dernier; mais enfin, le tableau était si séduisant ! « Il est si bon, disait-on, il comprend si bien les vœux de la France ! Ce n'est pas un prince comme un autre ; il est même plus libéral qu'un républicain. Et puis, ce cher drapeau tricolore, vous ne savez pas, il consent à le garder, il l'adopte. » Vraiment, quand nous entendions faire de vous un éloge aussi conforme à nos désirs, nous l'attestons avec sincérité : nous, républicains de cœur, nous vous aimions presque, nous vous désirions presque! C'était une faiblesse, nous ne le cachons pas, mais aussi, l'avenir nous était représenté sous un aspect si tentant! Nous nous disions bien parfois qu'appartenant à une race de rois vous devriez leur ressembler, qu'une fois sur le trône, vous pourriez oublier vos promesses et nous faire un jour repentir de notre aveugle confiance. Mais, vite nous rejetions cette idée comme sacrilége, nous jugions impossible que l'on pût et que l'on voulût nous tromper, et nous nous laissions volontairement bercer par les plus chimériques illusions. Il aime trop la France, pensions-nous ; et avec notre simplicité ordinaire, nous nous disions que vous pouviez fort bien n'être pas tout-à-fait un roi comme un autre, puisque vous étiez si modéré et si conciliant.

Voilà, Monseigneur, les dispositions dont, hier encore, un grand nombre de Français étaient animés à votre égard, quand vous avez mis le pied sur le sol de la patrie. Aujourd'hui, vous êtes parmi nous ; mais le manifeste paraît, et tout d'un coup, tout ce qu'il y a en France de cœurs patriotes, d'intelligences sages et prévoyantes, vous tourne subitement le dos ! A qui la faute, ce n'est pas la nôtre, à coup sûr. Mais, examinons un peu la valeur réelle de ce manifeste, qu'il eût mieux valu pour vous n'avoir jamais écrit.

« Vous êtes, dites-vous, au milieu de nous, parce qu'ayant trouvé ouvertes les portes de la

France, vous n'avez pu vous refuser le bonheur de revoir votre patrie. » De la part de tout autre, la chose eut semblé fort naturelle ; de la vôtre, c'est une inconséquence.

Nous nous rappelons fort bien en effet que lors de l'abolition des lois d'exil et de la rentrée des princes d'Orléans, vos amis n'ont rien eu de plus pressé que de nous annoncer aux quatre coins de la France que vous n'en profiteriez à aucun prix. « Le comte de Chambord, disaient-ils, est réellement et légitimement le vrai chef de la nation Française. C'est donc seulement en qualité de Roi qu'il peut rentrer en France. » Et il ne nous souvient nullement que vous ayez rien dit pour les contredire. Alors qu'arrive-t-il? On les croit, on vous perd de vue pendant quelque temps, et puis tout d'un coup voilà qu'un beau matin on apprend que vous êtes à Chambord où vous attendez vos cousins que vous repoussez au dernier moment, paraît-il, et les Français qui ne sont pas encore décidés en votre faveur, ce qui est certain. Enfin, quoiqu'il en soit, vous êtes au milieu de nous et sans nous en étonner le moins du monde, nous pensons que vous allez y rester. Point du tout, à peine arrivé vous ouvrez la bouche pour nous annoncer que vous repartez. Libre à vous assurément de ne point profiter de la générosité française, en allant vivre ailleurs si notre société vous déplaît. C'est là un droit que personne ne vous conteste ; et d'ailleurs, l'exil a peut-être des attraits que tout le monde ne connaît pas. Mais ce que nous contestons c'est l'opportunité d'une pareille conduite de la part de quelqu'un qui cherche à acquérir les sympathies d'un peuple. Vous nous dites bien, pour en atténuer l'effet, que vous ne voulez pas donner par une présence prolongée, de nouveaux prétextes à l'agitation des esprits, si troublés en ce moment.

En d'autres temps ceci eût pu être une excuse, mais aujourd'hui cette raison n'a aucune valeur à nos yeux. Où avez-vous vu que votre présence ait été un prétexte à l'agitation des esprits ? Où avez-vous rencontré la moindre manifestation qui fût *hostile* ou *favorable ?* Assurément on a beaucoup parlé de vous et de votre cause pendant ces derniers temps, mais le vrai moment de l'effervescence des esprits est passé, et pour être véridique, il faut avouer qu'on s'est beaucoup moins occupé de vous en France depuis que vous y êtes. Votre excuse n'a donc pas un caractère sérieux. Mais votre départ ne laisse pas que d'avoir aux yeux de beaucoup de gens une signification ; et cette signification, la voici :

Nous nous disons, dans notre gros bon sens, que gagné par les assurances réitérées quoique illusoires de vos amis les légitimistes, vous vous êtes enfin décidé à faire un premier pas.

Vous êtes venu, vous vous êtes montré, vous avez attendu quelques jours, le sourire aux lèvres, et l'espoir dans le cœur, ces enfants prodigues qui se nomment les Français. Mais rien. l'entêtement n'étant pas leur moindre défaut, ils font semblant de ne pas comprendre, les ingrats ! De votre côté, vous demeurez étonné de tant de froideur, bientôt votre patience se lasse, votre indignation est près d'éclater et vous voilà reparti, volontairement cette fois, en nous laissant comme souvenir cet impolitique document qui s'appelle le manifeste du 5 juillet 1871. Bon voyage, vous répondent ces bons Français, sans s'émouvoir, et tout est fini par là ! Voilà, Monseigneur, l'impression exacte causée par votre conduite dans cette partie de la nation qui se nomme la *majorité*.

En résumé : Premièrement, après avoir laissé dire que vous restiez dans l'exil, il eût été conséquent de ne point mentir à ce bruit. En second lieu, une fois rentré en France. il était souverainement impolitique de vous retirer immédiatement comme vous l'avez fait.

Maintenant, si vous le voulez bien, passons à autre chose.

« En vous éloignant, vous tenez à le dire, vous ne vous séparez pas de nous, la France sait que vous lui appartenez. » Nous passons ceci, en vous faisant remarquer que cette phrase est une de ces banalités qu'un mari tant soit peu civilisé répète à son épouse toutes les fois qu'il veut mettre des formes à une séparation.

« Je ne puis, oublier dites-vous, que le droit monarchique est le patrimoine de la nation, ni décliner les devoirs qu'il m'impose envers elle. » Très-bien, Monseigneur, arrêtons-nous un instant ici. D'abord, quel sens votre intention a-t-elle donné à cette phrase : «Le droit monarchique est le patrimoine de la nation?» Voulez-vous dire que seule elle le possède et que seule elle ait le droit de le conférer à tel ou tel élu de son choix ? Voulez-vous dire en un mot que seul le peuple peut dire à un roi. « Tu

seras légitime parce que je le veux bien ? » Alors,
rien de mieux, vous êtes dans le vrai et nous
sommes parfaitement d'accord, seulement, vous
nous permettrez de trouver étonnant qu'un pareil
aveu sorte de la bouche de celui-là même qui s'est
toujours appelé le *représentant légitime du droit divin*.
Aussi, jusqu'à preuve du contraire regardons-nous
le sens de votre expression comme douteux.

Vous parlez ensuite : « des *devoirs* que ce droit
monarchique vous impose. » Or, le devoir se me-
sure toujours à l'étendue du droit ; où il n'y a
pas encore de droit, il ne saurait par conséquent
y avoir des devoirs à remplir. Dès l'instant que
vous reconnaissez que le droit monarchique est le
patrimoine de la nation, vous avouez implicitement
que vous ne l'avez point puisqu'elle ne vous l'a pas
encore transmis. Aussi, vos devoirs sont-ils encore
nuls, puisque votre droit est encore à l'état de
devant être.

Autre chose : « Ces devoirs, dites-vous, je les
remplirai, croyez-en ma parole d'honnête homme
et de *Roi*. » Quant à votre parole d'honnête homme,
Monseigneur, nous n'en avons jamais douté, croyez-
le ; et quant à ces devoirs qui pourraient vous in-
comber un jour, nous sommes persuadés que vous

les rempliriez alors avec autant de conscience que qui que ce soit, Mais là n'est pas ce qui nous déplaît si fort. Ce qui chatouille désagréablement nos oreilles républicaines, c'est ce mot : ROI, qui vient s'installer là comme le complément nécessaire et obligé du mot : *honnête homme.*

Vraiment, vous n'êtes pas, nous le pensons du moins, arrivé à ce degré de sotte vanité et de plate puérilité qui consisterait à vous croire déjà roi de France parce qu'on a pu parler un instant de vous comme étant le seul prétendant ayant quelque chance sérieuse de réussir. Mais alors si vous avez eu l'imprudence de l'écrire, ce mot malheureux, est-ce parce que vous vous croyez sincèrement roi depuis le jour de votre naissance, par le seul fait de l'héritage de vos ancêtres? Mais, dans ce cas vous êtes en contradiction évidente avec vous-même, puisque vous venez d'avouer implicitement que nul n'est roi, si la nation ne veut pas de lui.

Ainsi, jusqu'ici : inconséquence sur inconséquence, voilà le bilan de votre discours, quant à cette première partie.

Ici, nous passons rapidement sur le gouvernement plus ou moins conforme aux besoins réels du pays que, Dieu aidant. vous fonderez avec nous quand nous le voudrons. Nous ne discutons pas non plus (ce serait trop long), la manière plus ou moins juste dont vous semblez apprécier nos libertés, et le suffrage universel. Quant au *caractère véritable du mouvement national*, vers la fin du dernier siècle, que vous *reprendrez* (toujours quand nous le voudrons), un mot d'observation. s'il vous plaît ? Croyez-vous donc que ce mouvement qui n'est pas seulement *national* mais *social*, puisse se *reprendre* ainsi facultativement le jour où il en prendra fantaisie à quelques rêveurs réactionnaires ! Vraiment, vous en parlez bien à votre aise et vous semblez trop peu comprendre que ce mouvement qui vous inquiète si fort, une fois lancé n'est plus maniable à volonté. Pour nous, il ressemble fort à un cheval quasi-emporté dans un chemin dangereux, qu'on peut encore diriger et modérer, mais qu'on ne peut plus arrêter ni faire revenir en arrière pour reprendre la bonne route.

Rien de plus légitime, du reste, que votre réprobation à l'égard des criminels attentats d'une minorité révoltée. Rien aussi de plus noble et de plus juste que vos éloges pour « les héroïques efforts de notre armée » et votre touchante sympathie « pour les classes laborieuses. »

Enfin, nous arrivons à cette phrase : « La France cruellement désabusée par des désastres sans exemple, comprendra qu'on ne revient pas à la vérité en changeant d'erreur ; qu'on n'échappe pas par des expédients à des nécessités éternelles. » Ma foi, Monseigneur, ici vous tombez dans l'énigme et vous vous égarez dans des abréviations et des expressions qu'il n'est pas donné à tout le monde de comprendre. Personne ne nie que la France ait subi des désastres sans exemples. Mais elle est, dites-vous, cruellement *désabusée* (de quoi?). Elle comprendra qu'on ne revient pas à la *vérité ?* (quelle vérité ?) en changeant *d'erreur* (quelle erreur?) ; qu'on n'échappe pas par des *expédients* (quels expédients?) à des *nécessités éternelles* (quelles nécessités éternelles ?)

De plus en plus fort, Monseigneur, nous ne comprenons plus rien.

Voudriez-vous dire par hasard que la vérité et

les nécessités éternelles, c'est vous-même avec le
régime que vous représentez, et que l'erreur et les
expédients, c'est la République avec les principes
qu'elle consacre ? Oh ! alors, nous ne pouvons plus
nous entendre ; d'abord. parce qu'en parlant ainsi
vous nous blessez dans nos aspirations les plus légi-
times et les plus sacrées, ensuite parce que vous
semblez adopter un principe que nous n'admettons
point et qui s'appelle : le principe du droit divin.

Cela dit, vous nous annoncez, avec une assurance
digne d'un meilleur sort, que « la France vous ap-
pellera (en ceci vous en savez, ma foi, plus long
qu'elle !) et qu'alors vous viendrez à elle tout entier.
avec votre dévouement (dont nous n'avons jamais
douté), votre principe (qu'il n'est pas donné à tout
le monde de comprendre et d'admettre), enfin,
avec votre *drapeau*. »

Ah ! ce drapeau, grave affaire, parlons-en un
peu. « A l'occasion de ce drapeau, dites-vous, on
a parlé de conditions que je ne dois pas subir. »
Nous vous répondrons par cette question : est-ce à
vous ou à la France qu'il appartient de parler en
dernier ressort ? Croiriez-vous, par hasard, que
c'est à vous à lui imposer vos volontés, à elle à les
subir ? à vous à commander, à elle à obéir ? Quant

2

à nous, nous ne le croyons pas ; car le temps du despotime et de l'absolutisme est passé, et nous espérons bien qu'il ne reviendra jamais. Aujourd'hui grâce à Dieu, les peuples ne sont plus faits pour les rois, mais les rois sont faits pour les peuples (à moins qu'ils ne puissent s'en passer, ce qui vaut encore mieux).

Vous ne voulez pas céder ; eh bien ! la France non plus ne cédera pas, nous vous le jurons !

Mais, raisonnons encore un peu, Monseigneur.

Vous dites : « Je suis prêt à tout pour aider mon pays à se relever de ses ruines et à reprendre son rang dans le monde ; le seul sacrifice que je ne puisse lui faire, c'est celui de mon honneur. » De quel honneur s'agit-il, s'il vous plaît ? Le vôtre consisterait-il donc dans un morceau de calicot de telle ou telle couleur ? Dans ce cas, il nous semble qu'il pourrait être mieux placé. De plus, si vous ne pouvez pas faire ce premier sacrifice peu sérieux, de quel autre plus important voulez-vous que nous vous estimions capable ? D'ailleurs, à votre honneur nous opposons toujours celui de la France, lequel ne se trouve point représenté par les mêmes emblêmes.

Donc : première faute en ce qui concerne la question de l'honneur, question dont vous faites une affaire exclusivement personnelle.

Laissez-nous ensuite vous dire qu'il n'est rien au monde de plus maladroit que de dire à qui veut l'entendre qu'on est et qu'on veut être de son temps, lorsqu'en réalité on n'en pense pas un mot, ou que du moins on ne veut rien faire pour le prouver.

Enfin, où voulez-vous trouver une phrase plus creuse que celle-ci : « Quelle que fût la couleur du drapeau sous lequel marchaient nos soldats, j'ai admiré leur héroïsme, et rendu grâce à Dieu de tout ce que leur bravoure ajoutait au trésor des gloires de la France? » En général, quand on admire l'héroïsme des soldats et qu'on rend hommage à leur bravoure, il est en quelque sorte sous-entendu qu'une bonne part de cette admiration et de ces hommages revient au drapeau sous lequel ils ont combattu (chose qui n'entre point du tout dans votre intention.)

Quant au trésor des gloires de la France, vous

avouerez que son bagage est loin d'être lourd à l'heure qu'il est.

D'ailleurs, vouloir séparer la gloire de la France de son drapeau est à la fois un solécisme politique et un non-sens, tout comme si on voulait soutenir aujourd'hui que les lys ne sont point votre emblême.

Nous ne nous arrêtons pas sur « cette ignorance et cette crédulité qui, selon vous, parlent de privilége, d'absolutisme, d'intolérance, de dîmes, de droits féodaux, etc.., parce que nous sommes persuadés que vous savez aussi bien que nous l'importance qui doit être attachée à des radotages que les gens sensés n'ont jamais pris au sérieux.

Nous arrivons ainsi à votre dernier et principal raisonnement lequel conclut indubitablement à la conservation du drapeau sans tache, comme vous l'appelez.

Voici vos propres paroles ; nous allons les citer et les réfuter phrase par phrase :

1° « Je ne laisserai pas arracher de mes mains l'étendard d'Henri IV, de François 1er et de Jeanne d'Arc. » A cette affirmation, nous opposons celle-ci : Comptez-vous pour rien l'étendard des Kléber, des Marceau, des Ney, des Davoust, des Soult, des

Bugeaud, des Niel, des Pélissier et des Mac-Mahon? Au surplus, ce que vous n'avez pas le courage de faire, Monseigneur, cette Jeanne d'Arc et ce roi Henri IV que vous invoquez l'eussent fait en pareille circonstance, nous n'en doutons pas! Oui, ils l'eussent fait : l'une, parce qu'elle était une sainte et que dans la volonté de la nation si nettement exprimée, elle eût vu la volonté de Dieu, *vox populi vox Dei*; l'autre, parce qu'il fût toute sa vie le premier patriote de France et de Navarre.

2° « C'est avec le drapeau blanc que s'est faite l'unité nationale, c'est avec lui que vos pères, conduits par les miens, ont conquis cette Alsace et cette Lorraine dont la fidélité sera la consolation de nos malheurs. »

Il n'entre évidemment dans l'esprit de personne de nier que l'Alsace et la Lorraine aient été conquises à l'ombre de l'étendard fleurdelysé, mais alléguer cette conquête d'une façon toute particulière en faveur de ce drapeau, est une simple puérilité. En effet, sans aller chercher bien loin un argument contraire et sans vouloir pour cela apporter ici un témoignage favorable à l'empire d'exécrable mémoire, nous nous contenterons de vous opposer ce fait : le drapeau tricolore était celui de la France, quand le comté de Nice et la Savoie y ont été annexés.

Du reste, on peut dire que les victoires et les revers du drapeau blanc, sous Louis XIV en particulier, sont suffisamment compensés par les victoires et les revers du drapeau tricolore sous la première République et le premier Empire. Enfin, notre dernier désastre n'est point si différent de celui où les défaites et la captivité de François Ier mirent la France à deux doigts de sa perte.

Quant à l'unité nationale, on sait assez les fruits qu'on en a tirés, et que, d'ailleurs, elle fut moins amenée par le désir de fortifier la France que par le besoin d'une centralisation excessive et despotique au profit d'un seul homme.

3° « Il a vaincu la barbarie sur cette terre d'Afrique, témoin des premiers faits d'armes des princes de ma famille. » C'est vrai; mais ce que vous ne dites pas, c'est que ces faits d'armes ont été accomplis à l'ombre du *drapeau tricolore*, que c'est lui qui a achevé cette conquête que le drapeau blanc avait à peine ébauchée.

4° « C'est lui qui vaincra la barbarie nouvelle dont le monde est menacé. » Merci du peu, Monseigneur; vous allez vite en besogne, puisque vous considérez déjà la chose comme assurée. Quant à nous, moins certains ou moins présomptueux, nous nous contentons d'espérer sans promettre. Seulement, nous pensons avec raison que le drapeau actuel pourra bien finir ce qu'il a déjà si bien commencé. Comme on vous l'a dit avec justesse, ce drapeau illustré par le courage de nos soldats est devenu, par opposition à l'étendard sanglant de l'anarchie, le drapeau de l'ordre social.

5° « Je le confierai, sans crainte, à la vaillance de notre armée ; il n'a jamais suivi, elle le sait, que le chemin de l'honneur. » C'est une chose que nous ne contestons pas. Mais, la brièveté calculée de cette phrase se prête à bien des commentaires et à bien des sous-entendus. Auriez-vous l'air de croire, par exemple, que la fidélité et le dévouement de cette armée vous sont déjà acquis ? En ce cas, nous vous certifions que vous êtes dans l'erreur la plus complète. Voudriez-vous dire aussi que le drapeau tricolore ait suivi la route du déshonneur ? Alors, c'est une injure que la France aura le droit de ne vous pardonner jamais.

6° « Je l'ai reçu comme un dépôt sacré du vieux roi mon aïeul, mourant en exil ; il a toujours été pour moi inséparable du souvenir de la patrie absente ; il a flotté sur mon berceau, je veux qu'il ombrage ma tombe. »

En premier lieu, Monseigneur, vous semblez ignorer que, si votre drapeau est pour vous inséparable du souvenir de la patrie, il ne l'est point pour les autres Français depuis qu'il ne représente plus la France. Quant à vos sentiments pour le dépôt de votre aïeul et l'étendard qui doit ombrager votre tombe, Dieu nous garde d'y trouver à redire. Seulement, nous vous répondrons que, nous aussi, nous avons entendu nos pères mourants mêler leur dernière bénédiction à la recommandation de veiller sur la France et sur son jeune drapeau. Nous aussi, nous pouvons dire que les trois couleurs ont flotté sur notre berceau, et qu'elles doivent ombrager notre tombe. D'ailleurs, depuis 89 le drapeau blanc a véritablement cessé d'être celui de la France. Ramené en 1815 par l'impitoyable volonté d'un Prussien et d'un Cosaque, il ne cessa point alors d'être ce qu'il est aujourd'hui plus que jamais : l'étendard d'un parti, lequel ne constitue lui-même que l'infime minorité de la nation.

Au contraire, le drapeau tricolore jeune encore et plein d'espérances est l'enfant chéri du pays tout entier qui l'a choisi lui-même. C'est avec lui que nos pères ont remporté des victoires dont le souvenir est encore récent dans nos cœurs, c'est aussi avec lui que nos frères martyrs viennent de succomber dans une lutte malheureuse. Mourant sur le champ de bataille frappés par la balle ennemie, ils nous l'ont tendu d'une main défaillante, en nous disant : « Frères, défendez-le, gardez-le, ne le laissez point périr. » Cet étendard est donc un dépôt qu'il ne nous est point permis d'abandonner. Monseigneur, il est un devoir qui surpasse tous les autres, c'est celui qui commande de respecter la dernière volonté d'un mourant. Vous venez, vous-même, de l'invoquer en votre faveur. Comme vous, nous saurons l'accomplir, car, nous avons le cœur trop français pour ne pas comprendre tout ce que nous devons à la mémoire de nos compatriotes !

Enfin, vous nous apporterez, dites-vous, l'ordre et la liberté (toujours avec le drapeau sans tache.)

L'ordre, il renaît déjà, grâce à Dieu et grâce aussi à la sagesse et à l'intelligence du vieillard qui nous gouverne ; la liberté, nous la possédons aussi à une dose raisonnable, qui suffit aux gens modérés. D'ailleurs, n'est-elle pas au moins aussi grande que celle que vous daigneriez nous octroyer ?...

Voilà, Monseigneur, vos paroles examinées une

à une ; nous avons donc satisfait à la tâche que nous nous étions imposée. Mais de toutes ces considérations, que résulte-t-il? Quelles impressions nous restent de l'ensemble de votre manifeste?

Hélas ! Elles sont toutes bien amères, bien décevantes et bien tristes.

En résumé, voici ·

Nous avions espéré pouvoir faire de vous un roi constitutionnel; mais le drapeau tricolore est, par excellence, l'emblême de la constitutionnalité française. Dès l'instant que vous le reniez, vous ne pouvez plus convenir à la France, vous n'êtes plus l'homme qu'elle avait souhaité.

Persuadés que quarante ans d'exil vous avaient appris à connaître le malheur, nous avions pensé que mieux que tout autre vous pouviez être l'époux royal qui convenait à la France malheureuse. Hélas! nous avons été cruellement trompés.

Vous-même vous prenez soin de nous montrer que vous n'avez rien appris du passé, que le présent n'est rien pour vous, et que vous ne comprenez rien à l'avenir.

Quand on veut se faire aimer et désirer par un peuple, on ne s'impose point à lui sévèrement et froidement, avec des conditions dont on ne veut rien rabattre ; quand on a la prétention de conduire ses destinées, on doit avant tout le comprendre, et quand on le comprend on évite de le blesser par un entêtement mal placé contre ce qu'il a de plus cher au monde.

Or, toutes ces qualités, vous semblez prendre à tâche de faire voir que vous en êtes privé. Quant à nous, de pareils enseignements nous tracent notre devoir.

Hommes d'ordre, nous ne pouvons plus rien faire pour vous, même plus vous désirer ni espérer en vous ; parce que voulant le salut et le bonheur du pays avant tout, nous sommes convaincus que votre retour, suivi des conditions que vous y mettez, serait contraire à sa tranquillité.

Royalistes hier, nous devenons républicains aujourd'hui, puisqu'on ne puis plus être en même temps français et légitimistes, dès l'instant que le chef de la légititimité renie à jamais le vrai drapeau de la France.

Ce drapeau, nous le garderons, parce que les trois couleurs sont les couleurs nationales et pour ainsi dire, les nouvelles armoiries de la France. Vos lys au contraire, ne sont rien de plus aujourd'hui que celles d'une illustre famille. Or, pour de vrais Français, l'amour d'un seul homme cède toujours le pas à l'amour de la patrie.

Ecoutez d'ailleurs les organes les plus autorisés de la presse : presque tous s'entendent pour prononcer que vous êtes déchu à nos yeux, comme ne connaissant ni votre temps, ni votre époque ; tous s'accordent à regarder votre cause comme perdue et nous engagent à vous oublier.

Enfin, ce n'est pas tout. Vous avez une famille, et à cette famille appartiennent des princes, dont le principal titre à la sympathie générale est leur profond amour pour le pays. Personne n'ignore les fâcheuses raisons qui les ont séparés de vous depuis longtemps ; ils ne nous appartient pas de les apprécier ici. Laissez-nous seulement vous dire que votre retour n'eût été en aucun cas possible sans une réconciliation de part et d'autre, sans une fusion sincère et complète. Cette *fusion*, on n'a pas craint de nous l'annoncer un moment comme accomplie : comme toujours, nous avons eu la simplicité d'y croire. Aujourd'hui nous ne nous apercevons que trop qu'on nous a trompés, et nous comprenons, un peu tard, que cette fusion ne peut plus avoir lieu. Votre drapeau l'a tuée et votre manifeste a anéanti nos trop chimériques espérances. Quant aux princes d'Orléans, nous les croyons trop bons Français pour renier le drapeau de leur pays et en adopter un qui n'était point celui de leur père. Seulement, en vous perdant, vous leur avez aussi enlevé leur avenir, parce que ces princes quoique n'ayant pas réussi dans leurs tentatives auprès de vous, se sont assez avancés pour être désormais à jamais compromis dans l'esprit général.

Encore un mot en finissant :

Prince, la France peut vous remercier de votre manifeste, parce qu'en le publiant vous l'avez délivrée d'un grand poids et lui avez enfin rendu sa liberté. Certes, si vous l'eussiez fait connaître plus tôt, vous eussiez évité au pays bien des pertes de temps, bien des hésitations ; mais enfin, mieux vaut tard que jamais.

Quant à nous, patriotes de toute classe et de tous les partis, munis des renseignements certains et positifs que nous aurons dus à votre franchise et à votre loyauté, nous saurons dès à présent qu'il nous faut diriger nos efforts d'un autre côté, pour essayer de sauver la France..... s'il en est temps encore !

Ce que nous espérions faire avec vous, nous le ferons sans vous, en inscrivant sur notre étendard cette devise : *Toujours le drapeau tricolore, jamais le drapeau blanc!* Elle sera le mot de ralliement de tous ceux qui veulent rester Français avant d'être Bourbonniens. . . . .

Dans tous les cas, vous venez de rendre un fameux service à la cause de la République !

Un Gentilhomme Républicain.

12 Juillet 1871.

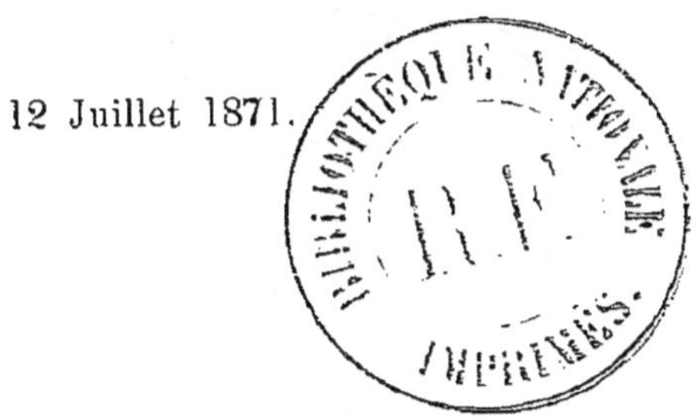

TOUJOURS!

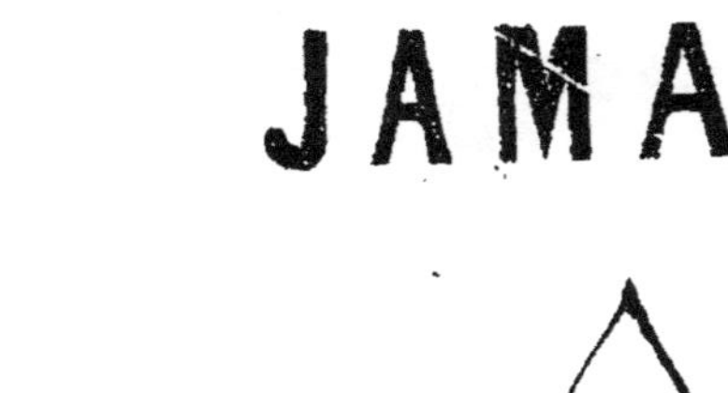

JAMAIS!